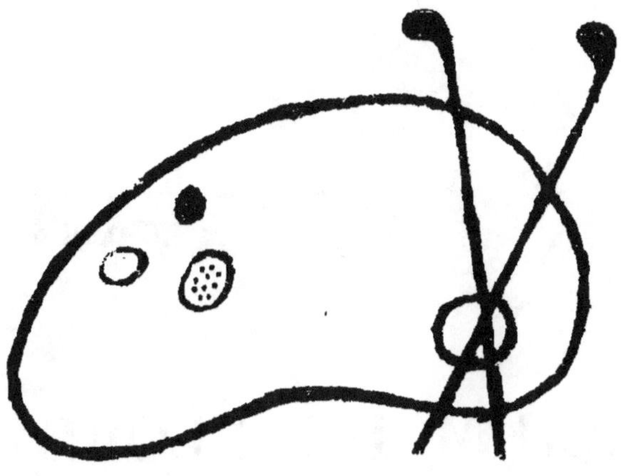

Début d'une série de documents
en couleur

JOACHIM DE FLORE

ET LE

LIBER DE VERA PHILOSOPHIA

PAR

PAUL FOURNIER

Correspondant de l'Institut,
Professeur à l'Université de Grenoble.

Extrait de la *Revue d'histoire et de littérature religieuses*,
t. IV, 1899, n° 1.

MACON

PROTAT FRÈRES, IMPRIMEURS

1899

La *Revue d'histoire et de littérature religieuses* paraît tous les deux mois, par fascicules de six feuilles d'impression (96 pages), et forme chaque année un fort volume de 568 pages environ.

Conditions de l'abonnement :

France et colonies	10 fr.	par an.
Etranger . . . . :	12 fr. 50	—
Un numéro pris séparément..	2 fr. 50	

Adresser les abonnements et toute communication à *l'administration de la Revue d'histoire et de littérature religieuses, 74, boulevard Saint-Germain, 74.*

Le meilleur mode d'envoi est un mandat-poste ou un chèque à vue sur Paris. Si l'on préfère que nous fassions opérer le recouvrement, l'abonné aura, dans ce cas, à payer, *en plus*, pour les frais, 0 fr. 50 pour la France, et 1 franc pour l'Europe.

Les abonnements partent du mois de janvier et sont exigibles après la publication du premier numéro de chaque année.

MM. les Éditeurs de l'étranger sont priés d'envoyer franco et directement (non par commissionnaire) à la Revue d'histoire et de littérature religieuses, 74, boulevard Saint-Germain, les ouvrages dont ils désirent un compte rendu.

Les droits de propriété, de traduction et de reproduction sont expressément réservés.

La *Revue d'histoire et de littérature religieuses* est purement historique et critique.

MACON, PROTAT FRÈRES, IMPRIMEURS.

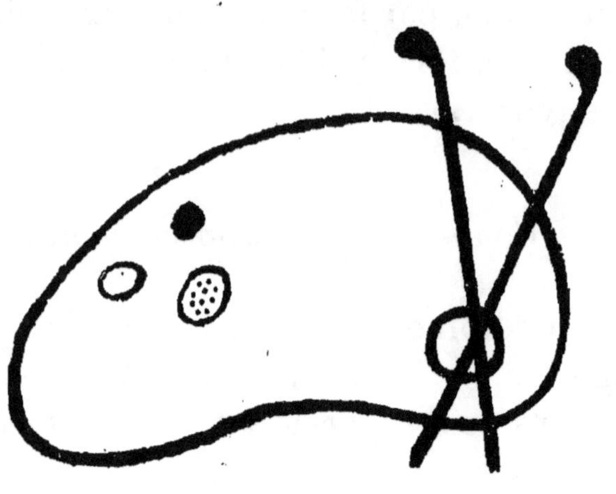

Fin d'une série de documents
en couleur

JOACHIM DE FLORE

ET LE

LIBER DE VERA PHILOSOPHIA

PAR

PAUL FOURNIER

Correspondant de l'Institut,
Professeur à l'Université de Grenoble.

Extrait de la *Revue d'histoire et de littérature religieuses*,
t. IV, 1899, n° 1.

MACON

PROTAT FRÈRES, IMPRIMEURS

1899

JOACHIM DE FLORE
ET LE *LIBER DE VERA PHILOSOPHIA*

A plusieurs reprises au xiie siècle, des théologiens de grand renom, en exposant le dogme de la Trinité, insistèrent sur la distinction des personnes au point d'amoindrir la notion de l'unité; telle fut notamment la tendance du célèbre évêque de Poitiers, Gilbert de la Porrée. A la fin du même siècle un voyant à l'imagination exaltée, Joachim de Flore, s'avisa de décomposer l'histoire religieuse de l'humanité en trois âges soumis à l'action distincte de chacune des trois personnes divines : l'âge du Père commençant à la Création, l'âge du Fils s'ouvrant définitivement à la Rédemption, et l'âge de l'Esprit-Saint dont l'avènement était attendu pour le début du xiiie siècle, Gilbert séparait les trois personnes dans le dogme; Joachim divisait leur action dans l'histoire.

Jusqu'ici on pouvait soupçonner qu'un lien unissait ces deux conceptions trithéistes; mais ce lien ne se manifestait pas nettement. Or il existe une œuvre théologique inédite de la fin du xiie siècle (conservée à la Bibliothèque publique de Grenoble dans un manuscrit[1] provenant de la Grande-Chartreuse) qui est directement inspirée par l'enseignement de Gilbert de Poitiers ; cette œuvre porte le *Liber de vera philosophia*. Je l'avais signalée, il y a douze ans[2], à l'attention des historiens de la théologie, sans

---

1. Manuscrit 290 du nouveau catalogue (tome VII du *Calalogue général des manuscrits des Bibliothèques publiques des départements*).
2. *Un adversaire inconnu de S. Bernard et de Pierre Lombard*, dans la *Bibliothèque de l'École des Chartes*, XLVII (1886), p. 394-417.

oser alors l'attribuer à un auteur déterminé. Des études nouvelles m'ont amené à penser que cet écrit est vraisemblablement une œuvre de Joachim de Flore. S'il en est ainsi, c'est en la personne de Joachim que se trouve le point de contact entre la théologie trithéiste et la conception trithéiste de l'histoire ; avant d'enseigner l'action successive et séparée des trois personnes dans l'histoire, Joachim avait exagéré leur distinction dans l'enseignement dogmatique. C'est ainsi que toute la postérité mystique de Joachim, les Spirituels et les Fraticelles du xiiie et du xive siècle, et avec eux tant d'âmes ardentes qui attendirent la régénération de l'Église d'un avènement de l'Esprit divin, descendent, par l'intermédiaire de l'abbé de Flore, d'un théologien fort peu mystique, Gilbert de la Porrée ; par Gilbert, sans s'en douter, les rêveurs qui crurent à la révélation d'un Évangile éternel se rattachent aux doctrines d'Aristote.

Mais pour que cette filiation soit autre chose qu'une hypothèse, il faut montrer que le *Liber de vera philosophia* appartient à Joachim de Flore. Tel est l'objet du présent mémoire.

Dans un premier chapitre, je ferai apparaître quelques traits caractéristiques du *Liber de vera philosophia*. Il sera alors possible de présenter dans un second chapitre les motifs pour lesquels j'estime raisonnable d'ajouter cet écrit à la liste des ouvrages de Joachim de Flore.

CHAPITRE Ier

CARACTÈRES DU *LIBER DE VERA PHILOSOPHIA*

Le *Liber de vera philosophia* est à la fois un exposé doctrinal et une œuvre de polémique. L'exposé doctrinal qui porte sur Dieu, la Trinité, l'Eucharistie, est inspiré en maints passages des *Sentences* de Pierre Lombard ; mais sur les points fondamentaux l'auteur accepte les principes que Gilbert de la Porrée avait antérieurement développés dans ses *Commentaires* sur Boèthe. La polémique est dirigée contre la plupart des théologiens en renom au xII[e] siècle : Abélard, Hugues de Saint-Victor, saint Bernard, Guillaume de Conches [1], mais c'est surtout Pierre Lombard qui y est visé. Il importe de mettre ici en évidence le double caractère du *Liber de vera philosophia* en montrant comment l'auteur y défend les doctrines de Gilbert et y attaque celles de Pierre Lombard.

I

Pour mettre plus de clarté dans cet exposé, je m'efforcerai de ramener à quelques points les idées fondamentales qui sont communes au *Liber de vera philosophia* et à Gilbert de la Porrée.

A. — Un principe d'une importance capitale, d'ailleurs tiré des écrits de Gilbert, forme la base du système développé dans le *Liber*; c'est la distinction qu'établit l'auteur entre les êtres et ce par quoi ils existent, ou, pour parler le langage technique, entre le *quod est* et le *quo est*. Il n'a l'occasion d'appliquer cette distinction qu'aux êtres raisonnables : aussi se présente-t-elle dans son livre comme une opposition entre la personne et la nature. La nature (l'auteur l'appelle aussi l'essence ou la substance dans l'une des acceptions qu'il donne à ce mot) est définie par lui, d'après Boèthe et Gilbert, *unamquamque rem informans specifica differentia* ; selon les mêmes autorités, la personne est définie *rationalis naturæ indi-*

---

1. Là-dessus je me permets de renvoyer à l'article précité de la *Bibliothèque de l'École des Chartes*.

vidua substancia. Ainsi la personne est l'être raisonnable envisagé dans son existence concrète par opposition à la nature qui l'informe.

B. — Non seulement il est indispensable de distinguer entre la nature et les personnes, encore importe-t-il de ne point confondre avec la nature les relations des personnes. Pas plus que les personnes, elles ne sont contenues dans la nature.

C. —Appliquant ces règles à la notion de Dieu telle que la présente l'enseignement chrétien, l'auteur distingue les personnes divines (*quod est*) de la nature ou divinité (*quo est*). De même que l'homme existe par l'humanité, sa nature, de même les personnes divines existent par la divinité; toutefois, tandis qu'il y a autant d'humanités que d'hommes, les personnes divines doivent leur existence à une seule et même divinité. D'ailleurs, puisque la nature n'est pas la personne, la divinité n'est pas Dieu. Notre auteur insiste là-dessus afin d'éviter la critique jadis adressée à ce système par S. Bernard qui lui reprochait d'ajouter un quatrième être, la divinité, aux trois personnes divines. En réalité, il présentait aux théologiens orthodoxes une doctrine fort peu acceptable, parce qu'elle laissait en dehors de l'Etre divin le seul lien qu'elle admît entre les trois personnes divines existant réellement et individuellement, je veux dire la Divinité.

---

1. Voir les écrits de Gilbert dans Migne, *Patrologia Latina*, t. CLXXXVIII. Ce n'est pas le lieu de donner une bibliographie des travaux relatifs à cet auteur. Voir : *Gilbert de la Porrée, évêque de Poitiers* (1070-1154), thèse de doctorat ès lettres de M. l'abbé BERTHAUD, Poitiers, 1892, in-8°, et quelques pages de M. l'abbé CLERVAL dans son ouvrage : *Les Écoles de Chartres au moyen âge*, autre thèse de doctorat ès lettres (Paris, 1895, p. 163-169 et 261-264). On pourra consulter avec fruit : BACH, *die Dogmengeschichte des Mittelalters* (Vienne, 1875), II, p. 139-267 et *passim*.

D. — D'après le *Liber de vera philosophia*, le mot Trinité a deux sens. Il peut être entendu de la propriété par laquelle chacune des personnes est *una ex tribus* ; mais aussi il signifie la collection des trois personnes (*collectio trium personarum*). Dans l'un et l'autre cas le mot Trinité ne s'entend que des personnes ; il ne s'applique pas à la nature divine.

Dans la seconde acception, la notion de Trinité se confond avec celle d'unité, si bien qu'il n'est pas inexact de dire : *Trinitas est unitas*. Lorsque l'auteur en vient à expliquer cette unité, il le fait souvent en empruntant des images ou des textes qui n'expriment point suffisamment l'unité substantielle. Le type d'unité qu'il propose est l'état de plusieurs individus indépendants les uns des autres qui s'unissent ou se trouvent unis par les liens de la charité. C'est ainsi qu'il cite les premiers chrétiens, dont l'auteur des Actes des Apôtres dit qu'ils étaient *cor unum et anima una* [1] (fol. 26 et 64). C'est ainsi qu'il écrit : *Corpus est unitas plurium secundum Apostolum qui ait* : *Unus panis et unum corpus multi sumus* (fol. 68) [2]. Ailleurs il invoque l'unité des Églises : *Omnes ecclesiæ sunt in una catholica, quia in ea omnes concorditer vivunt* (fol 14 v°). Ajoutez-y ces textes : *Qui plantat* (Paulus) *et qui rigat* (Apollo) *unum sunt* [3] (fol. 64 et 66) ; *Qui adhæret Domino unus spiritus est* [4] (fol. 16 et 64). Collection d'individus, collection de chrétiens, collection d'églises, unité qui n'est point essentielle, mais extérieure, voilà ce que nous trouvons dans ces explications. Appliquée aux personnes divines, l'unité semble donc être pour l'auteur une unité de collection : *Unitas est collectio trium personarum* (fol. 68) [5].

---

1. *Actes*, IV. 32.
2. I, Corinth., X, 17.
3. I, Corinth., III, 8.
4. I, Corinth., VI, 17.
5. Fol. 15, v°. L'auteur insiste sur cette idée qui fait des trois per-

E. — Fidèle à ses principes, l'auteur n'hésite pas à enseigner que les relations des personnes divines, à savoir la paternité, la filiation, la procession, ne sont point des *substanciæ*, c'est-à-dire des natures. Elles ne sont point davantage des *subsistenciæ*, c'est-à-dire des personnes (fol. 61, 72 v°, 76, 77). Le rôle de ces relations se borne à distinguer les personnes. Elles ne sont donc pas Dieu.

Quant à la bonté, à la grandeur, à la justice et autres attributs du même genre, ils se confondent non avec Dieu, mais avec la divinité, c'est-à-dire avec la nature de Dieu : *In Deo non est aliud divinitas quam bonitas vel magnitudo, vel cætera hujusmodi, sed idem prorsus… Non est in eo aliud qualitas, aliud substantia.* (On sait que ce mot *substantia* est dans la langue de l'auteur équivalent à *natura*). On peut donc dire que la Trinité est une puissance, une sagesse, une bonté, mais seulement dans le sens où l'on dit qu'elle est une divinité (fol. 73 v°).

F. — La distinction entre la nature et la personne sert aussi de fondement à la christologie de notre auteur. Quand il dit que Dieu et l'homme sont unis dans le Christ, il n'entend pas enseigner l'union de Dieu (*quod est*) et de l'homme (*quod est*), mais l'union de leurs natures, divinité et humanité (*quo est*). Ces deux natures sont unies parce qu'elles informent toutes deux la personne du Christ ; en effet, la nature divine informe le Verbe, qui a assumé la nature humaine. Aussi peut-on affirmer que le Christ est *ex duabus naturis* ; peut-être, à la rigueur, quoique cela concorde assez mal avec le système, est-il possible d'ajouter qu'il est *in duabus naturis* ; mais on n'a pas le droit de dire que la nature divine, autrement dit la Divi-

sonnes des individus de l'espèce Dieu : Ecce aperte dicimus substantiam esse universale et commune, ypostasim (la personne) vero particulare et individuum et subjectum, et quod Deus est species, ut homo, et quod Pater et Filius et Spiritus Sanctus sunt individua, ut Petrus et Paulus et quod numero differunt.

nité, s'est incarnée et a souffert, proposition que l'auteur tient beaucoup à éviter. Seul le Verbe, seconde personne de la Trinité, qui existe par la Divinité mais ne se confond pas avec elle, a pris tout ce qui est de l'homme, sauf le péché.

La personne divine qui s'est uni un homme le couvre de son ombre, de telle façon qu'à côté d'elle la personne humaine n'existe pas. De même le soleil obscurcit les étoiles; de même d'un concile où seraient présents dix évêques, cent abbés, cent archidiacres, dix mille laïques, on pourrait dire qu'il n'y a que dix personnes, parce qu'en effet il n'y aurait que dix personnes méritant d'être comptées (fol. 45).

G. — En résumé tout ce système repose sur la distinction de la nature (*quo est*) et de la personne (*quod est*). Grâce à cette distinction, l'auteur se flatte de guider sa barque au milieu des écueils les plus dangereux. Sabellius et Arius, dit-il, sont tombés dans des erreurs, d'ailleurs opposées l'une à l'autre, pour avoir confondu nature et personne : Sabellius n'admet qu'une personne parce qu'il n'admet qu'une nature; Arius admet trois natures parce qu'il admet trois personnes. Les mêmes conséquences se sont produites dans le domaine de la christologie. Nestorius et Eutychès ne veulent voir dans le Christ qu'une nature comme ils n'y voient qu'une personne : le premier supprime la nature divine, le second supprime la nature humaine. C'est par suite d'une confusion analogue qu'Abélard efface, autant qu'il le peut, la distinction des personnes dans la Trinité, et que Pierre Lombard, non content de perpétuer cette erreur, expose, en ce qui concerne l'Incarnation, un enseignement qui rappelle les doctrines d'Eutychès. Qui ne se tiendra fermement à la distinction de la nature et de la personne sera, comme eux, fatalement entraîné vers l'erreur et vers l'hérésie.

Je ne m'attarderai pas à démontrer que cette doctrine
est exactement celle de Gilbert de la Porrée [1]. En réalité,
il serait facile de la retrouver toute entière dans les commentaires de Gilbert sur Boèthe, auxquels le *Liber de vera
philosophia* emprunte, non seulement beaucoup d'idées,
mais encore des passages nombreux. S'il fallait une autre
preuve de ce fait, que l'auteur du *Liber* appartient à la
secte des Porrétains, je la déduirais du récit qu'il donne des
discussions qui, en 1148, lors du concile de Reims,
paraissent avoir abouti à la condamnation par le pape
Eugène III de plusieurs des propositions de Gilbert. J'ai
publié ailleurs ce récit qui malmène saint Bernard et laisse
à Gilbert le beau rôle : le pape se serait borné à lui demander de garder le silence sur les points contestés sans
réprouver aucune de ses doctrines. Cette manière d'exposer les événements décèle à coup sûr un partisan
acharné de Gilbert de la Porrée.

Il est toutefois une doctrine sur laquelle notre auteur
semble atténuer les opinions de son maître. Non seulement Gilbert (et sur ce premier point son disciple l'a
suivi), enseigne que la nature divine et la nature
humaine, n'existant pas dans la personne du Christ,

---

1. Pour s'en convaincre, il suffit de la comparer soit avec les
ouvrages de Gilbert, soit avec les analyses données dans les ouvrages indiqués ci-dessus. Voir le traité de Geoffroy d'Auxerre
contra capitula Gilberti Pictaviensis episcopi, dans le tome IV de l'édition des œuvres de saint Bernard par Mabillon. (*Patrologia latina*,
t. CLXXXV.) Voyez aussi l'ouvrage déjà cité de Bach, t. II, notamment p. 391 et s., où est cité un texte de Gerhoh de Reichersperg
analysant les doctrines de Gilbert sur la Trinité. On y affirme que les
disciples de Gilbert (et aussi d'Abélard) « dicunt personas divinas et
et eorum proprietates extra substantiam Dei considerandas. Dicunt
ipsas proprietates personis forinsecus affixas, unde nec ipsas nec eorum unitates dicunt inesse sed adesse divinitati, ipsasque personas
etsi divinitate esse et divinitatem appellari, non tamen divinitatem esse
fatentur. » (Extrait du *Liber de novitatibus hujus temporis* adressé par
Gerhoh à Adrien IV, d'après un manuscrit du monastère d'Admont).

demeurent ainsi séparées[1], bien plus, il va jusqu'à
dire que le Christ, en tant qu'homme, n'est pas fils
de Dieu par nature, mais par adoption ; partant les
fidèles ne peuvent en conscience rendre le culte de lâtrie
à l'enfant de Bethléem ni au crucifié du Calvaire[2]. Par
là, Gilbert prend rang parmi les adoptianistes, c'est-
à-dire parmi ceux qui nient le principe fondamental du
christianisme formulé si nettement par S. Augustin :
Hominem suscepit Verbum ut cum eo Deus fieret[3]. Aussi
dès le xiie siècle, cette doctrine de Gilbert avait soulevé
les plus vives protestations. On ne s'étonnera pas de ce
que l'auteur du *Liber de vera philosophia* ait tenu à se
mettre en règle avec l'enseignement traditionnel sur cette
question ; il dit, en des termes formels, qui d'ailleurs
rappellent certaines expressions de Pierre Lombard en la
même matière[4], que le Christ, en tant qu'homme, n'est

1. On trouve, à mon sens, une allusion à cette doctrine dans un
ouvrage inédit d'Arno de Reichersberg, cité par BACH (*op. cit.*, II,
p. 675 et 676). Arno s'exprime ainsi : «Qui vero habitum (il s'agit de ces
mots de l'Apôtre : *Christus... habitu inventus ut homo*) quasi extrinse-
cum et et qui præter naturam sit, introducunt et *naturas assumentem
et assunptam mathematico intellectu quasi separatim et seorsum ab in-
vicem statuentes...* »

2. Sur ces doctrines de Gilbert, cf. Geoffroi d'Auxerre (*Patrologia
latina*, t. CLXXXV, c. 592, et *Opera S. Bernardi*, édit. Mabillon, IV,
1322). Voyez aussi les allusions qui se trouvent dans les ouvrages
de Gerhoh de Reichersberg, adversaire de Gilbert (*Patrologia
Latina*, t. CXCIV, c. 1080, CXCIII, c. 886 et s.; *Libelli de Lite
Imperatorum et Pontificum*, III, p. 275, 301, 303 ; ajoutez une allusion
aux doctrines de Gilbert qui me paraît se trouver dans la première
partie de la lettre de Gerhoh de Reichersberg à Alexandre III ; *Patrologia latina*, t. CXCIIII, c. 564). En présence de ces divers témoi-
gnages, il est difficile de penser avec Petau que Gilbert ne fut pas
adoptianiste (Petau, *de theologicis dogmatibus, de Incarnatione*, LXV,
c. 3, § 5). Bach combat sur ce point Petau (*op. cit.*, II, p. 155).
L'ouvrage de Bach est à consulter sur toute la polémique dirigée
contre les adoptianistes.

3. *In Psalm.* III, n° 3.

4. III. D. X, c. 5, in fine.

point le fils adoptif de Dieu, et il ajoute : *Filius Dei gratia unionis est Filius hominis* [1].

II

C'est une idée familière à l'auteur du *Liber de vera
philosophia*, que la plupart de ses contemporains sont
imbus de notions erronées sur Dieu et la Trinité ; il
dénonce avec insistance les progrès réalisés par les
doctrines Sabelliennes, qui, dit-il, règnent en tous lieux [2].
Si les vérités chrétiennes sont perverties, la faute en est,
pense-t-il, aux docteurs contemporains qui, non contents
de répéter que le Père, le Fils et le Saint-Esprit sont une
même chose, en viennent à un tel degré de folie qu'ils
confondent les notions les plus certainement différentes.
En quelques pages pleines de verve (fol. 62-64), il leur
reproche d'abolir toute idée nette de personnes, de propriétés, de Trinité, d'essence et même de Dieu, pour les
remplacer par il ne sait quelle unité monstrueuse, fictive
et subtile, où la Trinité, bannie des doctrines, subsiste à
peine dans les mots. De cette erreur, qui a infecté l'Église
entière, il n'est qu'un petit groupe qui ait su se préserver
(c'est évidemment le groupe des Porrétains [3] auquel l'auteur du *Liber de vera philosophia* fait allusion) : tous les
théologiens de renom en ont subi l'influence. Abélard,
Guillaume de Conches, Hugues de Saint-Victor, saint Bernard ne sont pas épargnés dans ses critiques [4], mais il suf-

1. Fol. 40.
2. Voir le passage cité dans l'article déjà mentionné de la *Bibliothèque de l'École des Chartes*, p. 403.
3. Sur ce groupe des Porrétains, qui survécut à Gilbert de la Porrée,
voir le 80e sermon de saint Bernard *in Cantica*.
4. Sur ces critiques, voir *Bibliothèque de l'École des Chartes*, et
aussi la liste que j'ai donnée des propositions de Hugues de Saint-Victor
censurées par le *Liber de vera philosophia* dans les *Annales de l'Université de Grenoble*, t. X, p. 178 et s.

fît de les parcourir pour se convaincre qu'il s'en prend
très vivement à Pierre Lombard. C'est à lui qu'il pense
lorsqu'il dénonce ces évêques qui devaient être la lumière
du monde et qui répandent partout les ténèbres, ou encore
ces auteurs de *Sentences*, titre nouveau d'ouvrages qui ne
servent qu'à déguiser et à propager l'hérésie, le schisme
ou la superstition. Visiblement Pierre Lombard est pour
lui au premier rang des modernes Sabelliens.

D'ailleurs, ce n'est pas seulement à propos de l'enseignement relatif à la Trinité que notre auteur considère
Pierre Lombard comme hérétique : la christologie de
l'évêque de Paris ne lui est pas moins suspecte, Lombard
cite dans ses *Sentences* [1], toutefois sans l'approuver expressément, une doctrine qui peut se résumer en ces termes :
Christus secundum quod est homo non est aliquid. Il
paraît certain que cette proposition fut réellement émise
par Lombard au cours de son enseignement [2]. Une telle
proposition, qui supprimait l'humanité du Sauveur, heur-
tait directement les fondements du dogme chrétien. Dès
1164, le pape condamna ce nihilisme (tel est le nom de
cette doctrine) dont, en 1170, il n'hésita pas à imputer la
paternité à Pierre Lombard ; de 1164 à 1177 cette condamnation fut renouvelée deux fois [3] si bien que lorsqu'en
1179 des théologiens zélés s'agitèrent pour que cette déci-
sion doctrinale fût de nouveau promulguée au concile de
Latran, Alexandre III et son entourage jugèrent inutile d'y
revenir. Cependant l'auteur du *Liber de vera philosophia*,
implacable adversaire de Lombard, ne manque pas de
l'attaquer aussi bien sur le terrain de la christologie que
sur celui du dogme trinitaire.

1. Cf. III, D. VI et VII.
2. Voir les lettres d'Alexandre III, JAFFÉ-WATTENBACH, nᵒˢ 11806,
11809, 12785.
3. Gautier de Saint-Victor, texte publié par le R. P. DENIFLE dans
l'*Archiv für Literatur- und Kirchengeschichte*, I, p. 407.

Le moment est venu d'indiquer quelques-unes des nombreuses propositions [1] que l'auteur du *Liber de vera philosophia* a extraites des *Sentences* de l'évêque de Paris pour les signaler comme dangereuses ou erronées. Je les groupe sous deux chefs, suivant qu'elles concernent la Trinité ou l'Incarnation.

Sur la Trinité, Pierre Lombard est vivement blâmé d'avoir dit :

« Quod natura est personæ.

« Quod nomine personæ essentia intelligitur.

« Quod unum solum est Deus Trinitas.

« Quod in Deo non est numerus, cum tamen in divina natura sit personarum Trinitas.

« Quod Pater non genuit divinam essentiam.

« Quod illa tria, scilicet tres personæ, non sunt unius Dei, sed summus Deus.

« Quod proprietates personarum sunt ipsæ personæ, et Deus, et divina essentia.

« Quod non est in Deo aliquid quod non sit Deus. »

Ces propositions dans leur ensemble étaient directement contraires aux doctrines de Gilbert de la Porrée. Je dois faire remarquer que la dernière proposition est de celles qui choquaient le plus l'auteur de *Liber de vera philosophia*. En effet, pour lui ni l'essence ni les propriétés ni les relations divines ne sont Dieu. Aussi à plus d'une reprise accable-t-il de ses invectives ceux de ses adversaires qui répètent cette proposition ou l'expriment sous cette forme plus brève : *Quidquid est in Deo Deus est.*

Sur l'Incarnation, Pierre Lombard est durement réprimandé pour avoir enseigné :

« Quod divina natura humanæ naturæ in Filio est unita,

---

1. Voir *Liber*, fol. 89. Je compte publier ultérieurement la liste complète de ces propositions, en indiquant les passages de Lombard dont elles sont extraites.

quam sibi univit et assumpsit. Unde vere incarnata dicitur divina natura...

« Quod divina natura dicitur in Virgine incarnata.

« Quod humanitas non est in Christo natura sed habitus, sicut vestis vestito.

« Quod Christus carnem et animam habuit, sicut homo quilibet vestem.

« Quod Christus secundum quod homo non est aliquid ».

De ces cinq propositions les deux premières heurtent les idées chères à notre auteur sur la distinction de la nature et de la personne ; les trois dernières résument l'hérésie du nihilisme, fort répandue au xiie siècle.

Si l'auteur du *Liber de vera philosophia* croit utile de multiplier ses attaques contre Lombard en rappelant les doctrines nihilistes à côté des propositions présentées comme sabelliennes, il n'en est pas moins vrai que c'est l'accusation de sabellianisme qui tient la plus grande place dans ses préoccupations. Il n'y a pas à s'en étonner : sur le point du nihilisme la cause des adversaires de Lombard était gagnée, grâce aux décisions de l'autorité ecclésiastique. Il n'en était pas de même sur le point de l'enseignement relatif à la Trinité : tout au contraire, au concile de Reims, en 1148, les doctrines de Gilbert de la Porrée, opposées à celles du Maître des Sentences, avaient subi une défaite dont les Porrétains avaient à cœur de se relever. C'est ce désir qui explique sans doute l'ardeur de la polémique du *Liber de vera philosophia*. Mais en vain les Porrétains aiguisèrent-ils leurs traits : ils n'aboutirent qu'à un pitoyable échec constaté par une décrétale d'Innocent III dont j'aurai bientôt l'occasion de parler.

Il est d'ailleurs un autre motif qui n'a sans doute pas peu contribué à soulever contre Pierre Lombard l'animosité de l'auteur de *Liber de vera philosophia*. L'évêque de Paris appartenait à l'école théologique qui s'en tenait, comme saint Bernard, aux enseignements de saint Augustin [1]. « On a pu dire en vérité que son ouvrage est le recueil des *Sentences* de saint Augustin. A propos de la Trinité en particulier, il semble s'être proposé de distribuer en articles distincts l'immortel traité de ce docteur, d'expliquer ses formules et de les faire concorder avec les formules des autres Pères [2]. » Or ce n'est pas la théologie augustinienne, mais celle des Grecs qui a les faveurs de l'auteur du *Liber de vera philosophia*. On peut s'en assurer, non seulement par la multiplicité des citations qu'il emprunte aux Grecs, mais par les solutions qu'il donne sur des questions caractéristiques dont il n'est pas inutile de mentionner quelques-unes.

C'est un fait bien connu que le concept grec de la Trinité va droit aux personnes sans s'arrêter d'abord à l'unité de la nature. « Le Grec, comme on l'a fort bien dit, contemple directement la divinité dans chaque hypostase, comme on contemplerait l'éclat et la phosphorescence d'une même liqueur dans trois vases différents. Le mystère est que ce soit identiquement la même substance dans trois contenants distincts [3] ». Au contraire, saint Augustin et ses disciples latins conçoivent d'abord l'unité de l'Être divin pour passer ensuite aux personnes, qu'ils expliquent volontiers par des analogies tirées des puissances de l'âme humaine, où les processions se font par voie de pensée et d'amour [4]. — Entre ces deux concepts, le choix de l'auteur du *Liber de vera philosophia* n'est nullement incertain ; il est entièrement favorable au concept grec. Il le résume en ces termes : *Exordium fidei a Trinitate*

---

1. Voir sur ces questions l'excellent ouvrage du R. P. de Régnon, S. J., *Études de théologie positive sur la Sainte Trinité* ; tome Ier, *Exposé du dogme* ; tome II, *Théories scolastiques* (Paris, 1892, 2 volumes in-8).

2. Régnon, *op. cit.*, II, p. 137.

3. Régnon, *op. cit.*, I, p. 346. Voir toute la partie de ce volume où il est traité du concept grec de la Trinité.

4. Cf. Régnon, *op. cit.*, *passim*.

incipit, non ab unitate (fol. 15) et le développe longuement dans la première partie de son ouvrage. Ajoutez-y qu'il blâme Hugues de Saint-Victor d'avoir formulé la proposition contraire et d'avoir ajouté *quod humana mens est vestigium Trinitatis* [1]. Visiblement il essaie de combattre la notion latine et scolastique en lui opposant la notion grecque de la Trinité.

Voici un autre exemple de la même tendance. Les docteurs qui s'inspiraient du concept grec de la Trinité, (et avec eux Richard de Saint-Victor) voyant la personne avant la nature, le Fils avant sa substance, disaient : Le Fils est engendré, et ils poursuivaient : Ce qui est dans le Fils est engendré ; la substance du Fils est engendrée [2]. En ce sens il est possible, ainsi que le reconnaît le P. Petau, d'admettre la formule : *substantia genuit substantiam* [3]. La scolastique, au contraire, aperçoit d'abord la nature divine, commune aux trois personnes : elle est ainsi amenée à dire que cette nature n'est ni engendrante ni engendrée, par conséquent à repousser la formule : *substantia genuit substantiam*. Ici encore l'opinion de notre auteur n'est pas douteuse : décidément favorable à la conception grecque, il reproche à Pierre Lombard d'avoir enseigné cette proposition : *Quod Pater non genuit divinam essentiam.*

En somme, le *Liber de vera philosophia* est l'œuvre d'un auteur qui s'en prend surtout à Pierre Lombard parce que lui-même a recueilli, peut-être sans en faire un inventaire exact, l'héritage des doctrines Trinitaires de Gilbert de la Porrée et aussi parce que, nourri de certaines conceptions des théologiens grecs, il est déconcerté par les opinions augustiniennes et scolastiques que

---

1. Voir l'article déjà cité des *Annales de l'Université de Grenoble*, X, p. 178.
2. RÉGNON, *op. cit.*, II, p. 262 et s.
3. PETAU, *op. cit.*, lib. VI, c. 12, § 3 et ss.

soutient l'auteur des *Sentences*. Il n'a su ni être assez perspicace pour apervoir les lacunes de l'enseignement de Gilbert, ni s'élever assez haut pour découvrir la région supérieure où peuvent s'harmoniser les vues différentes des Grecs et des Latins.

CHAPITRE II

L'AUTEUR DU *LIBER DE VERA PHILOSOPHIA*

Le moment est venu d'indiquer pour quelles causes le *Liber de vera Philosophia* me semble pouvoir être, sans témérité, attribué à Joachim de Flore.

Remarquez tout d'abord que l'abbé de Flore[1] a composé ses ouvrages dans le dernier quart du XIIe siècle, époque à laquelle fut rédigé le *Liber*. En outre, les écrits de Joachim nous le montrent hostile aux nouveaux Sabelliens, désignation sous laquelle il comprend les théologiens qui avaient combattu Gilbert de la Porrée ; nous savons qu'il consacra un traité spécial à réfuter les doctrines trinitaires de Pierre Lombard. Ainsi, à première vue, l'attribution à Joachim d'un ouvrage composé en faveur de Gilbert de la Porrée ne saurait être taxée de grossière invraisemblance.

L'étude attentive du *Liber de vera Philosophia* fournit des arguments plus concluants. Je les déduirai de deux sources : d'abord de la comparaison du *Liber* avec les

---

1. Sur Joachim de Flore, je me borne à renvoyer à l'article du R. P. EHRLE dans le *Kirchenlexicon* de Wetzer et Welte (2e édition, 1889), et au mémoire du R. P. DENIFLE, *das Evangelium Æternum und die Commission zu Anagni*, dans l'*Archiv für Literatur- und Kirchengeschichte*, I (1885), p. 50 et ss. Sur le même personnage, M. RENAN a réimprimé dans ses *Nouvelles études d'histoire religieuse* (Paris, 1884), sans y apporter de changements importants, des articles publiés en 1866 dans la *Revue des Deux-Mondes*.

ouvrages de Joachim de Flore que nous possédons, puis des renseignements que donne le *Liber* sur la personne même de son auteur. J'essayerai ensuite d'écarter les objections qui pourraient être dirigées contre la conclusion que je m'efforcerai autant que possible de préciser.

I

Trois ouvrages de Joachim de Flore, où l'exégèse et la mystique se mêlent à l'explication de l'histoire et à la philosophie, ont été imprimés dès le xvie siècle : ce sont les Commentaires sur l'Apocalypse, le *Psalterium decem chordarum* et la Concorde des deux Testaments [1]. En outre Joachim composa, vers 1179, contre Pierre Lombard, un traité *de unitate et essentia Trinitatis*, qui fut condamné en 1215 par le pape Innocent III : nous connaissons ce traité par quelques renseignements caractéristiques fournis par la bulle de condamnation [2]. Enfin, de l'ouvrage encore inédit *de articulis fidei*, qui existe en un très petit nombre d'exemplaires manuscrits [3], nous trouvons quelques extraits dans le protocole de la commission cardinalice, connue sous le nom de commission d'Anagni, qui, en 1255, fut chargée de rechercher les propositions suspectes insérées dans les écrits de Joachim [4]. C'est à l'aide de ces divers documents que nous entreprenons d'instituer une comparaison entre les écrits de Joachim et le *Liber de vera Philosophia*.

1. Je cite les deux premiers de ces ouvrages d'après l'édition de Venise, 1527 ; et le troisième d'après l'édition de Venise, 1519.

2. C. 2, *Décrétales de Grégoire IX*, I, 1.

3. Ces manuscrits, comme tous les manuscrits connus des ouvrages de Joachim de Flore, sont indiqués dans la liste très utile qu'a dressée le R. P. DENIFLE, *op. cit.*, p. 90-97.

4. Voir le texte du protocole de la commission d'Anagni dans l'article du R. P. DENIFLE, *op. cit.*, p. 99 et ss. Les extraits du *de articulis fidei* se trouvent aux pages 138-140.

A. — D'après la bulle d'Innocent III, l'abbé Joachim a, dans son traité *de unitate Trinitatis*, reproché à Pierre Lombard d'avoir enseigné *quod quædam summa res est Pater et Filius et Spiritus Sanctus, et illa non est generans, neque genita, neque procedens*. Sans aucun doute, Joachim s'est scandalisé d'un passage de Pierre Lombard aux termes duquel existe en Dieu une essence divine (Livre I, D. IV, c. 3), commune aux trois personnes, qui n'est ni *generans*, ni *genita* (D. V, c. 1) ni *procedens*. D'une part, l'abbé de Flore, en déduisait que Pierre Lombard, ajoutant cette *summa res* aux trois personnes, enseignait l'existence en Dieu non pas d'une Trinité, mais d'une quaternité, *videlicet tres personas et illam communem essentiam quasi quartam* [1]. Comme le fait remarquer saint Thomas d'Aquin [2], Joachim paraît s'être mépris sur la pensée du Maître des Sentences ; en effet, Lombard déclare à plusieurs reprises que les trois personnes sont le Dieu un ou l'unique essence divine et réciproquement (D. V, c. 1) de telle façon qu'il sauvegarde la notion traditionnelle de la Trinité. D'autre part, Joachim estimait la doctrine de Lombard contraire à la formule acceptée par certains théologiens : *Substantia genuit substantiam* [3].

1. Si l'on admet que Joachim ait été un fidèle disciple de Gilbert de la Porrée, on comprendra qu'en s'exprimant ainsi, Joachim était bien aise de retourner ainsi à son adversaire une objection souvent présentée à Gilbert, notamment par saint Bernard.

2. « Joachim abbas Florensis monasterii, non bene capiens verba magistri, utpote in subtilibus fidei dogmatibus rudis, prædictam magistri Petri doctrinam hæreticam reputavit, imponens ei quod quaternitatem induceret in divinis, ponens tres personas et communem essentiam quam credebat sic poni a magistro quasi aliquid distinctum a tribus personis, ut sic possit dici quasi quartum. Credebat enim quod ex hoc ipso quod dicitur essentia divina, nec est generans, nec genita, nec procedens, distinguitur à Patre qui generat, et a Filio qui generatur et à Spiritu Sancto qui procedit. » Opuscule sur la 2ᵉ décrétale : *Œuvres* de S. Thomas (Venise, 1593), XVII, p. 198-199. Cf. *Somme*, Iᵃ, Q. XXIX, art. V.

3. Voir plus haut, p. 51.

Quoi qu'il en soit, il est certain que Joachim a donné de la doctrine de Lombard l'interprétation la plus défavorable au point de vue de l'orthodoxie. Cette interprétation n'a pas seulement trouvé place dans le traité sur la Trinité. Dans le *Psalterium decem chordarum* (fol. 229, v°), Joachim critique sévèrement les théologiens qui admettent en Dieu une substance (ou une essence) et trois personnes, c'est-à-dire une quaternité. Les membres de la commission d'Anagni ne se trompèrent point sur l'intention qui a inspiré ce passage : ils y ont vu un reproche adressé à Pierre Lombard [1]. Au surplus, la même critique se retrouve dans le Commentaire de Joachim sur l'Apocalypse (fol. 34). Ceux qui, dit-il, font de l'essence des trois personnes un être distinct, doué d'une existence propre et pour ainsi dire un quatrième être... adorent non pas Dieu mais une idole. Ainsi, de toutes ces constatations se dégage un fait ; Joachim combat en Pierre Lombard l'auteur d'une doctrine qui introduit un quatrième être, l'essence, dans la compagnie des trois personnes divines. Il s'attache d'ailleurs à montrer que lui-même ne tombe pas dans cette erreur. C'est ainsi qu'il fait remarquer dans le *Psalterium* (fol. 232, v°) qu'en désignant sous le nom d'un seul peuple les trois tribus du royaume du Juda, il ne crée pas un quatrième être distinct des trois tribus.

Or, la même manière d'expliquer la pensée du Maître des Sentences se retrouve dans le *Liber de vera philosophia*. Pierre Lombard y est blâmé ouvertement d'avoir écrit que les trois personnes sont, non pas une chose suprême (*summa res*), mais, ce qui revient au même, un Dieu suprême (*summus Deus*) ; il eût dû enseigner qu'elles sont d'un seul Dieu (*unius Dei*). Évidemment, pour notre auteur, Pierre Lombard fait de Dieu autre chose que la

---

1. *Op. cit.*, p. 136 et 137.
2. Article cité de la *Bibliothèque de l'École des Chartes*, p. 412.

collection des trois personnes, de trois individus de l'espèce Dieu ; à son avis, Lombard ajoute, bien à tort, dans l'existence de Dieu, une essence, une *substantia communis trium personarum* [1], qui, distincte de ces personnes, n'est ni *generans*, ni *genita*, ni *procedens* [2]. Voilà le dernier terme de la quaternité dont il était question dans le traité résumé par Innocent III ; voilà l'idole dont le Commentaire de Joachim sur l'Apocalypse attribue l'invention à Pierre Lombard. Le *Liber de vera philosophia* ne manque pas l'occasion de renverser cette idole ; à cette intention, à deux reprises l'auteur y répète, d'après saint Athanase (ff. 59 et 74) : « Tene Patrem et Filium et Spiritum Sanctum esse Trinitatem et unum Deum, non quod sit eorum communis *quarta* divinitas, sed quod sit ipsa Trinitas. »

En somme, la manière de comprendre et de critiquer Pierre Lombard est identique dans le traité de Joachim résumé par Innocent III, dans les autres écrits authentiques de l'abbé de Flore et dans le *Liber de vera philosophia*. De part et d'autre, on trouve la même interprétation erronée et peu bienveillante.

B. — A la doctrine qu'il prétend être celle de Pierre Lombard, Joachim, en son traité sur la Trinité, opposait cette proposition : il n'existe réellement aucune chose qui soit les trois personnes, ni essence, ni substance, ni nature. Évidemment, Joachim entendait par là que si les trois personnes existent par la même nature, essence ou substance, elles ne sont pas la même nature, essence ou sub-

----

1. L'auteur du *Liber* estime évidemment qu'il est à l'abri de toute critique parce que, d'après sa doctrine, la *substantia communis trium personarum*, c'est-à-dire la Divinité, n'est pas Dieu.

2. L'auteur du *Liber* reproche à Pierre Lombard d'avoir enseigné : quod nec Pater genuit divinam essentiam nec divina essentia genuit essentiam nec Filium, quia si hoc esset, divina essentia relative diceretur, et Pater esset Pater sibi et Filius Pater et eadem res ac generaret.

stance, ce qui est d'ailleurs absolument conforme à la théorie de Gilbert de la Porrée. Or cette doctrine cadre exactement avec celle de l'auteur du *Liber de vera philosophia*. D'après lui, l'essence n'est point les trois personnes ; l'enseigner serait, à son avis, tomber dans le sabellianisme. L'essence n'existe point non plus à côté des trois personnes ; l'enseigner serait transformer la Trinité en quaternité. L'essence est seulement ce par quoi existent les trois personnes.

C. — On vient de voir que l'auteur du *Liber de vera philosophia* admettait tout au moins que l'essence en vertu de laquelle existent les trois personnes est une essence unique. C'est aussi ce que reconnaissait formellement l'ouvrage de Joachim sur la Trinité : *quamvis concedat*, dit Innocent III de l'abbé de Flore, *quod Pater et Filius et Spiritus Sanctus sint unâ essentiâ, unâ substantiâ, unâque naturâ.*

D. — Dans l'ouvrage résumé par Innocent III, Joachim étudiait spécialement l'unité des trois personnes divines. Or il est certain qu'il s'y représentait cette unité comme celle d'une collection d'individus de même espèce ; c'est d'ailleurs ce que lui reproche le Pape : *Unitatem hujusmodi non veram atque propriam, sed quasi collectivam et similitudinariam esse fatetur.* La même notion se rencontre dans le *Liber de vera philosophia*. L'unité, quand elle s'applique à la Trinité, est, selon l'auteur, une *collectio trium personarum* (fol. 68).

Joachim aimait à expliquer cette idée d'unité par des exemples. La bulle lui reproche d'avoir employé à cet usage, les comparaisons et les textes dont voici l'énumération :

1° Multi homines unus populus ;
2° Multi fideles una ecclesia ;
3° Multitudinis credentium erat cor unum et anima una ;

4° Qui adhæret Domino unus spiritus est cum illo ;

5° Qui plantat et qui rigat (Paulus et Apollo) unum sunt ;

6° Omnes unum corpus sumus in Christo ;

7° Populus meus et populus tuus unum sunt ;

8° Volo ut sint unum (fideles Christi).

Deux de ces textes, le troisième et le quatrième reparaissent, employés au même but, dans le *Psalterium* (fol. 233, v°). Évidemment, ils étaient pour Joachim de Flore d'un usage familier.

Or, on retrouve dans le *Liber de vera philosophia* [1], non seulement ces deux explications, mais encore celles-ci :

« Unum corpus multi sumus.

« Qui plantat et qui rigat unum sunt.

« Omnes ecclesiæ sunt in una ecclesia catholica, quia in ea omnes fideles concorditer vivunt. »

Il en faut conclure que l'auteur du *Liber de vera philosophia*, non seulement possédait de l'unité divine la même notion que Joachim de Flore, mais l'expliquait par les mêmes textes et les mêmes comparaisons.

E. — Il est une idée que Joachim de Flore expose longuement dans un passage de son Commentaire sur l'Apocalypse (fol. 34) : c'est que la doctrine des trois personnes trouve sa place dans les fondements de la foi (*In exordio quippe fidei nostræ hoc fundamentum fidei jaciendum est*) tandis que la croyance à l'unité divine en est le couronnement. Or, si le lecteur veut bien se reporter aux explications données plus haut, il sera convaincu que c'est là une idée chère à l'auteur du *Liber de vera philosophia*. On ne peut qu'être frappé de l'accord parfait où se trouvent Joachim de Flore et l'auteur du *Liber de vera philosophia* sur cette doctrine, que la foi chrétienne va de la Trinité à l'Unité.

1. Fol. 22, 26, 68, etc.

Il serait facile, j'en ai la conviction, de multiplier ces constatations [1] ; celles que je viens de présenter suffisent à établir qu'entre les ouvrages de Joachim de Flore et le *Liber de vera philosophia* se reconnaît sans peine un air de famille nettement caractérisé.

II

Poussons plus loin et demandons-nous quelles indications nous fournit le *Liber de vera philosophia* sur la personne de son auteur. C'est évidemment l'œuvre d'un personnage d'une foi profonde (quoique parfois mal éclairée), d'un zèle ardent, d'une verve féconde et entraînante ; il possédait des connaissances très étendues et cependant s'arrêtait quelquefois à d'invraisemblables puérilités [2]. Il avait voyagé en Terre-Sainte ; il savait le grec :

1. Ainsi il est tiré argument, dans la *Liber de vera philosophia* (fol. 15, v°) de la forme de diverses invocations reçues dans l'Église : Sanctus, Sanctus, Sanctus, ou encore du verset du psaume : Benedicat nos Deus Deus noster, benedicat nos Deus. Le même argument se retrouve dans le Commentaire sur l'Apocalypse. f. 37, r°. — De même, voici deux passages de l'un et de l'autre ouvrage, destinés à prouver qu'il faut aller de la Trinité à l'Unité :

Liber de vera philosophia, f. 15, v°.	Comment. sur l'Apocal., f. 36.
Tota quoque universalis ecclesia sic docuit orandum : Pater de celis Deus, miserere nobis. Fili Redemptor mundi Deus, miserere nobis. Spiritus sancte Deus, miserere nobis. Sancta Trinitas unus Deus, miserere nobis. Non enim ab unitate, sed a Trinitate novit incipiendum.	Si dico : Pater de celis Deus, aut : Fili redemptor mundi Deus, aut Spiritus Sancte Deus, vera est et pia confessio, ita tamen ut non liceat in summa colligere ut dicatur tres dii, sed Sancta Trinitas unus Deus.

2. Voir l'accusation portée contre saint Bernard à propos du Temple de Jérusalem : article cité de la *Bibliothèque de l'École des Chartes*, p. 409. — On lit dans le *Liber* que si l'on attribua plus particulièrement la puissance au Père, c'est qu'à quelques ignorants il apparaissait comme un vieillard ; dès lors il fallait insister sur sa puissance. De même, le Fils semblant plus jeune, il fallait insister sur sa sagesse (fol. 73).

voyez par exemple le passage (fol. 80, v°) où il résout une difficulté d'interprétation en faisant remarquer qu'il n'y a point d'ablatif en grec. Non-seulement il s'inspire des conceptions générales de la théologie orientale, non seulement il emprunte souvent des citations aux pères de l'Église d'Orient, mais encore il s'occupe avec insistance de ce que pensent les Grecs, combat leurs doctrines sur les points où ils sont en désaccord avec les Latins, réfute leurs objections, tient compte de l'impression que la conduite des Latins peut produire sur eux ; évidemment, il songe toujours aux moyens de réaliser l'union des deux Églises. Ce sont là des traits qui tous conviennent à Joachim de Flore, moine à l'âme ardente, au zèle à la fois infatigable et inquiet, à l'esprit plus original que sûr et pénétrant. Né en Calabre, c'est-à-dire en un pays qui de son temps contenait encore de très nombreuses églises fidèles au rite grec [1], il y passa une partie de sa vie ; nous savons d'ailleurs qu'il fit un long séjour en Orient. Ce Latin qui, vivant en pays grec, ne pouvait manquer de savoir le grec, était plus que personne amené à s'intéresser au sort de l'Église d'Orient, à essayer d'aplanir les différends qui divisaient les deux Églises, à travailler à leur réunion ; il suffit, pour s'en convaincre, d'ouvrir les livres dont la paternité ne saurait lui être contestée [2]. Par l'éducation, par le caractère, par les aspirations, par les incidents de leur vie, par le style lui-même, Joachim de Flore présente une ressemblance frappante avec l'auteur du *Liber de vera philosophia* [3].

1. Cf. Jules GAY, *Étude sur la décadence du rite grec dans l'Italie méridionale à la fin du XVIe siècle* dans la *Revue d'histoire et de littérature religieuses*, II (1897), p. 481.

2. Cf. RENAN, *op. cit.*, p. 302. Voyez, par exemple dans la *Concordia novi ac veteris Testamenti*, les passages suivants, qui concernent les Grecs : fol. 40, 50, 85, 99.

3. Je dois signaler ici deux faits que l'auteur du *Liber* mentionne sur sa propre vie :

III

Résumons maintenant le résultat des observations qui précèdent. Elles nous ont amené à cette double constatation qu'il existe une analogie singulière, d'une part entre les doctrines particulières à Joachim de Flore et celles de l'auteur du *Liber de vera philosophia*, d'autre part entre Joachim lui-même et l'auteur du *Liber*. Aussi sommes-nous en droit d'émettre l'opinion que Joachim de Flore est vraisemblablement l'auteur du *Liber de vera philosophia*. Telle est la conclusion que je demande la permission de n'abandonner point sans l'étayer contre deux objections.

1° Sur deux points, il semble qu'un désaccord se manifeste entre le *Liber* et les écrits de Joachim. En premier lieu, les trois écrits principaux de Joachim sont tout remplis de la théorie des trois âges entre lesquels il partage l'histoire de la religion. On sait qu'à chacun de ces âges préside une personne divine : le Père au premier âge, celui des gens mariés ; le Fils au second âge, celui des

1° Il a traité de la *manus arida*, c'est-à-dire, sans aucun doute, du miracle évangélique rapporté par saint Mathieu (XII, 10) saint Marc (III, 1) et saint Luc (VI, 6). Au fol. 8, v°, il écrit : Diximus, cum de manu arida tractaremus... Il en parle encore au f. 29. Je n'ai pu identifier cette citation. Le manuscrit de la Bibliothèque royale de Dresde, A 121, contient la *Concordia Evangeliorum* de Joachim ; mais l'ouvrage paraît incomplet ; les chapitres évangéliques où il est traité de la *manus arida* ne sont point commentés. Au moins la lecture des portions de cet ouvrage, contenues dans le manuscrit de Dresde, suffit à en démontrer l'authenticité. M. Renan ne les avait sans doute pas lues quand il a émis cette appréciation : « C'est certainement un écrit supposé » (*Op. cit.*, p. 240).

2° L'auteur du *liber de vera philosophia* a voyagé en Espagne, où il a été témoin d'un miracle eucharistique (fol. 54). Nous ignorions que Joachim de Flore eût voyagé en Espagne : mais, comme c'était un voyageur intrépide, ce fait n'a rien d'invraisemblable.

clercs ; enfin l'Esprit-Saint au troisième âge, qui doit s'ouvrir définitivement avec le XIIIe siècle, l'âge des moines. Or, il n'est point question de ces périodes dans le *Liber de vera philosophia*. En second lieu, saint Bernard est fort maltraité dans cet ouvrage, quoique dans les écrits prophétiques dont la provenance est incontestable, Joachim en parle sans enthousiasme, mais en termes convenables [1].

Ces divergences peuvent s'expliquer, à mon sens, par plusieurs considérations.

Le *Liber de vera philosophia* diffère profondément, par sa nature, des écrits déjà connus de Joachim. Ceux-ci portent surtout l'empreinte d'un voyant, d'un mystique et d'un exégète : la théologie dogmatique n'y a qu'une part minime. Au contraire, c'est à elle seule qu'appartient le *Liber de vera philosophia* : aucune place n'y est laissée à la prophétie, à l'exégèse, ni au mysticisme, qui n'auraient que faire dans un ouvrage principalement destiné à former le contrepoids des *Sentences* de Pierre Lombard. On comprend qu'il n'y soit point question des trois âges de l'humanité.

D'ailleurs, les grands ouvrages prophétiques de l'abbé de Flore n'ont guère été entrepris avant 1181 [2]. Joachim, retiré à l'abbaye de Casamari, travaille au *Psalterium decem chordarum* en 1182 ou 1183. Le Commentaire sur l'Apocalypse et la Concordance des deux Testaments, entrepris sur le conseil des papes Lucius III et Urbain III (1181-1187), n'étaient pas encore achevés lorsque, le 8 juin 1188, Clément III écrivit à l'auteur pour l'encourager à y mettre la dernière main [3]. La Concordance des Évangiles, œuvre inédite, appartient à une époque plus avancée encore. Au contraire, le *Liber de vera philosophia* ne cite

---

1. Voyez, par exemple, *Psalterium*, fol. 232 ; *Concordia*, fol. 59.
2. Cf. EHRLE, *op. cit.*
3. JAFFÉ-WATTENBACH, *Regesta*, n° 16274.

point de pape postérieur à Alexandre III, qui mourut en 1181 : sans doute, cet écrit a été composé après la tenue du concile qui se réunit au Latran en 1179 : mais j'imagine que ce fut à une date très voisine de ce concile, qui paraît avoir été l'occasion d'une recrudescence de l'activité des adversaires de Pierre Lombard. Nous savons par un texte de Gautier de Saint-Victor [1] qu'ils s'efforcèrent d'obtenir une nouvelle condamnation des hérésies christologiques du Maître des Sentences [2]; c'est à cette date aussi que Mathieu Paris, dans ses *Chronica majora* [3], place la composition du traité spécial que Joachim dirigea contre les doctrines trinitaires de Lombard. Si le *Liber de vera philosophia* doit être attribué à Joachim, il y a donc bien des chances pour que cet ouvrage ait été composé vers le même temps, c'est-à-dire vers 1180, antérieurement à la période des écrits prophétiques de l'abbé de Flore. Alors Joachim n'était encore que théologien, ce n'est que plus tard qu'il devint voyant ; mais une fois qu'il eût goûté du prophétisme, il semble avoir singulièrement négligé la théologie.

Au surplus, dans la seconde partie de sa vie, depuis le pontificat de Lucius III, Joachim se pique d'écrire sur les conseils et par la direction des Papes. Il est en relations avec les divers Pontifes qui se succèdent sur la chaire de saint Pierre : il se propose de leur soumettre ses ouvrages. Ce n'était pas le cas de heurter de front l'autorité pontificale en renouvelant ses attaques contre saint Bernard, d'ailleurs canonisé depuis plusieurs années.

J'estime donc qu'à raison de ces divers motifs, on peut découvrir la raison des divergences apparentes qui existent entre le *Liber de vera philosophia* et les ouvrages prophétiques de Joachim.

1. Voir le texte cité dans la *Bibliothèque de l'École des Chartes*, *op. laud.*, p. 415.
2. Voir plus haut, p. 13.
3 *Chronica majora*, éd. Luard, II, p. 314.

2° On aperçoit une autre objection contre l'attribution du *Liber de vera philosophia*, à Joachim de Flore : Personne au xiiie siècle ne lui en imputait la paternité. Saint Bonaventure et saint Thomas d'Aquin [1] qui combattirent les doctrines trinitaires de Joachim, ne mentionnent en aucune façon cet ouvrage : la commission d'Anagni qui en 1255 dépouilla les ouvrages de Joachim pour en extraire les propositions suspectes, ne le cite pas davantage. Si au xiiie siècle, on ne considérait pas Joachim de Flore comme l'auteur du *Liber de vera philosophia*, de quel droit nous prétendrions-nous mieux informés à sept cents ans de distance?

Il y a réponse à cette objection. Les œuvres dogmatiques de Joachim de Flore durent tomber dans un profond discrédit après la condamnation dont l'une d'elles fut frappée en 1215 ; sans doute, les gens prudents (on en peut voir un exemple dans la chronique de Salimbene, à propos d'un écrit composé par un sectateur de Joachim [2]) se hâtèrent de s'en débarrasser, fût-ce en les détruisant. Aussi dès le xiiie siècle, les manuscrits de Joachim devenus rares, ne sont conservés que dans la cellule de quelques religieux, *latitantes apud quosdam religiosos in angulis*, où, comme jadis les bibliothèques jansénistes, ils constituent le trésor d'un petit groupe d'adeptes : d'après le témoignage du concile tenu à Arles en 1263, les docteurs, qui les ignorent complètement, n'en tiennent aucun compte dans leurs polémiques [3]. Notamment le traité *de unitate Trinitatis*, ne semble connu de saint Bonaventure

---

1. Voir plus haut les citations de saint Thomas d'Aquin. Pour saint Bonaventure, voir *in libr. I Sententiarum*, dist. V, dub. IV.

2. SALIMBENE dans les *Monumenta historica* de Parme, tome VI, p. 236.

3. J'appuie cette opinion sur un texte du concile d'Arles, dont on trouvera une version dans l'article du R. P. Denifle, *op. cit.*, p. 90. Cette version empruntée à un manuscrit Chigi est meilleure que celle qu'a imprimée Labbe (XIV, 241).

et de saint Thomas que par la bulle qui le condamne ; le
texte de cet écrit est ignoré aussi de la commission d'Anagni qui, chargée de signaler les erreurs de Joachim, aurait
eu tant de raisons de les chercher tout d'abord dans le
seul de ses ouvrages expressément condamné [1]. Il est évi-
dent que le *Liber de vera philosophia*, s'il était l'œuvre
de Joachim, ne pouvait manquer d'être de très bonne
heure enseveli dans l'oubli.

Au surplus, il ne paraît pas que l'abbé de Flore ait tenu
à multiplier les exemplaires de ses œuvres dogmatiques.
Il se sait en présence de redoutables adversaires : sa prin-
cipale ambition est, non de les convaincre, mais d'affermir
la foi d'un petit troupeau de fidèles qui, groupés autour de
lui, adhèrent encore aux principes de Gilbert de la Porrée. Le prologue du traité *de articulis fidei* manifeste
nettement cet état d'esprit : Joachim y recommande à son
disciple Jean de tenir secret ce nouvel ouvrage, pour qu'il
ne parvienne pas aux mains des adversaires [2]. J'imagine
qu'il en dût être ainsi du *Liber de vera philosophia*.

Il résulte de ces observations qu'aucune des objections
présentées n'est assez forte pour ébranler l'attribution à
Joachim de Flore du *Liber de vera philosophia*.

Tout en admettant cette attribution, il reste à nous
demander si nous ne devons pas la préciser davantage en
identifiant le *Liber de vera philosophia* avec l'un des
ouvrages dogmatiques de Joachim. Je ne le crois pas. On
ne saurait y voir, cela va sans dire, le traité *contra Judæos*.
Ce que nous savons du traité *de articulis fidei* ne cadre nullement avec le *Liber de vera philosophia* [3]. Enfin le plan de
cet ouvrage est bien plus large que celui du mémoire dirigé

---

1. La simple lecture de la chronique de Salimbene (xiiie s.) donne
la même impression par ses erreurs d'attribution et ses lacunes.

2. Voir ce texte dans le procès-verbal de la commission d'Anagni ;
Denifle, *Archiv*, I, p. 138.

3. Voir ce qui est dit du traité *de articulis fidei*, *ibid.*, p. 138 et s.

par Joachim contre Pierre Lombard ; en effet le *Liber* traite non seulement de la Trinité [1], mais aussi de l'Incarnation et de l'Eucharistie, en même temps qu'il attaque dans sa partie polémique, non pas le seul Pierre Lombard, mais divers autres théologiens.

Cependant si le *Liber de vera philosophia* se distingue de chacun de ces traités, il est probable qu'il en reproduit la substance ; ainsi nous avons constaté plus haut qu'il présente des analogies frappantes avec le traité sur la Trinité. Ne convient-il pas de conclure de ces observations que le *Liber* est une œuvre plus générale où Joachim a voulu exposer ses notions fondamentales sur la théologie, soit qu'il l'ait constituée par la réunion de plusieurs œuvres antérieures, soit au contraire qu'il l'ait rédigée d'abord dans son ensemble pour la détailler ensuite en traités particuliers ? Qu'on adopte l'une ou l'autre de ces hypothèses (en ce qui me concerne je pencherais pour la première), il n'en faut pas moins penser que le *Liber de vera philosophia* représente les idées générales de Joachim de Flore sur les questions théologiques agitées au xiie siècle, en même temps qu'il permet de juger de la valeur des critiques adressées par lui à Pierre Lombard. Telle est à mon avis la solution de beaucoup la plus vraisemblable des problèmes que soulève le *Liber de vera philosophia*. Je laisse aux historiens de la théologie et de la philosophie le soin de la vérifier et de la critiquer.

---

1. Un ancien catalogue de la Bibliothèque du Saint-Siège y mentionne la présence d'un ouvrage de Joachim, aujourd'hui perdu, *de unitate Trinitatis, quæ sit differentia inter nomina essentialia et nomina relativa* (EHRLE, *Historia bibliothecae Romanorum pontificum*, I, p. 511, Cf. EHRLE, article sur Joachim de Flore, dans le *Kirchenlexicon*, 2e édit., 33e livraison, col. 1475). Ce sous-titre ne fait allusion qu'à une portion des matières traitées dans le *Liber de vera philosophia*.

MACON, PROTAT FRÈRES, IMPRIMEURS.

Original en couleur

NF Z 43-120-8